JN410530

Koo I-Ram

시인 구이람

걷다

구이람 시집

걷다

Poetics 시학

■ 시인의 말

뒤돌아보니 걸어온 제 발걸음들이 아득히 놓여 있습니다. 두 발이 있었기에 이 지구상의 여러 나라들을 만나고, 우리와 다른 삶들을 바라보며, 기름진 땅, 척박한 땅도 걸어 볼 수 있었습니다. 히말라야 유리창공을 날아가 보았고, 뭇 야생 동물들이 어우러져 살고 있는 아프리카의 광야를 걸으며 살아 꿈틀대는 대지의 속삭임을 들었습니다. 그 구중궁궐 호랑이와 사자들의 평화로운 영토를 찾아가 그들을 직접 만나 본 감격과 기쁨은 잊지 못할 것 같습니다.

아! 드넓은 미국 땅 서부에 드리운 대스 밸리Death Valley! 천지창조의 손길을 기다리는 아스라한 무한 사막 창공의 길고 긴 첩첩 침묵의 계곡! 하늘을 뚫을 듯한 침묵의 함성이, 보이지 않는 오묘한 생명의 숨소리가 뜨겁게 이글거렸습니다. 그곳의 광막한 시를 붙들어 보려 하니 사막의 장엄한 시편들이 저를 압도하며 숨 막히게 가로막았습니다.

아직 저는 한 구절도 그 시들을 불러오지 못하고 있습니다.

2011년 1월
구이람

차 례

■ 시인의 말

■ 작품해설 | 김재홍

제1부 잃어버린 시간을 찾아서

나의 살던 고향 집 그곳에는 15
신발에 관한 한 명상 16
둥구나무 단풍의 노래 19
할머니의 행커치프 20
어머니의 찬 손 21
아버지를 위한 작은 기도 22
버리지 못하는 것들에 대하여 24
추억의 별 크리스마스 26
밤바다 고래 축제 27

제2부 삐끗 천지 한 세상

만화경 세상 31
어미 소, 다시 초원을 향해 걷는다 32
지하철은 핸드폰, 손거울, MP3를 싣고 34
매일 아침 까치 울음을 기다린 적이 있던가 36
풀꽃들의 전쟁 37
삐끗 천지 한 세상 38
마네킹 경주마를 위한 랩소디 40
발톱 사고에 관한 119 보고서 42
꽃바구니 이야기 44
한 걸음, 두 걸음 45

제3부 위대한 노동

막막하던 올챙이 시절을 지나 49
나는 공사 중입니다 50
구두병원에 와서 52
발이 걸어간다 54
소 55
나, 지금까지 몇만 걸음 걸어왔을까 56
'잠깐'과 '그리고' 그 사이에 서서 57
원더풀! 하늘이 정말 파랗군요! 58
위대한 노동 59

제4부 씨앗명상

UFO 잠자리 63
해바라기의 비명碑銘 64
태풍 부는 날의 인상화 65
유배 나무 66
늘 미안하다, 나무야 68
아무나 열지 못한다 69
오늘 누가 씀바귀나물을 먹는가 70
건망증에 관한 한 보고서 72
봄바람 삼매경 73
흑암 눈물 꽃 74

제5부 본래 면목

나는 누구일까 77
누가 히말라야를 보았는가 78
본래 면목 79
오늘도 강 물살을 따라 80
물은 무심히 흐르기만 하는가 82
가랑잎 하늘 83
꽃모종 피워 가는 길 84
초로 부부 이야기 85
365일, 한 발자국도 떠나지 못하지만 86
다시 첫 걸음마 87

제1부

잃어버린 시간을 찾아서

나의 살던 고향 집 그 곳에는

내 살던 곳,
빨간 기와지붕 처마 끝엔
제비 둥지 셋 나란하다
덩굴장미 실눈 뜨고 담장 밖을 엿보고
담 밑엔 병아리 떼 황매화로 떠돌고
마당가 모란꽃 맏며느리 화안한 함박웃음

(지금은 울울창창 아파트 숲 되었지만)

보이지 않네, 아무것도 지금은
찔레꽃 향기도 라일락 보랏빛 꽃잎들도
아파트 창백한 불빛만 새어 나올 뿐,
이끼 낀 기왓장 하나 보이지 않네

밤마다 설어서 내게로 다가오는
그때 그 라일락 나무
나 살아 숨 쉬는 동안 향기로울

(못 잊어 너무 고마운 내 꿈결 속 친구들이지만)

신발에 관한 한 명상

1. 리본 달린 꽃고무신

개울 건너다 물에 빠져도 좋던 그 신발
물 가득 담고 뽀드득뽀드득 매끄럽게 걷던 학교 길
사금파리에 찢겨 발가락 쏘옥 내밀던 코빼기 그 고무신

냇가 송사리 떼 건져 올려
고무신 속에 살살살 살려 놓고
꽃고무신 배 띄워 동동 뱃놀이하던
초등학교 그 시절

2. 어느 날 검정 운동화 선물 받고 잠 못 들며

가슴에 품고 아껴 신던 의젓한 마음
고무신을 겨우 벗어난 중학생 나의 운동화 시대였네

고등학생이 되었을 때 처음 갈색 구두를 신었다
맞춤 단화에 정해진 양말만 신기고
머리길이를 자로 눈금 재던 가정 선생님
자유를 그리던 꿈속의 소녀 시대

세상을 찌르고 발뒤꿈치 피 흘리며
대학시절 신었던 위험천만 뾰족구두들
자유분방하던 청바지, 산책길 운동화
배낭 메고 높은 봉우리에 오르던 묵직한 등산화

3. 내 발길을 그렇게 밀며 끌며

제 몸 다 닳도록 여기까지 걸어와 준 고마운 신발들
이제 보니 모두 다 내 삶의 분신들이었네

나 이제, 결코 발걸음을 재촉하지 않으리
무릎 저려 와도 곧게 곧게 걸음을 내딛고

조용히 힘차게 나이 먹으며 끝까지 걸어가 보리니
내 낮은 굽의 새 신발이여

둥구나무 단풍의 노래

우리 동네 어귀 늙단풍나무 한 그루
옛날 어머니 외갓집에 다녀오시던 하얀 길
아버지 장에 갔다 취해 돌아오시던 어둔 밤길
맨 먼저 반갑게 맞아주던 보름달 둥구나무
동네 꼬맹이들 도란도란 다람쥐처럼 드나들던

이제 너무 늙고 쪼그라져 동네 사람들
아무것도 해 줄게 없어 부끄러이 내미는 깡마른 손
미안한 마음에 나무는 밤새 피가 나도록
온몸과 마음을 서로 부비며 잠을 깨운다
나뭇잎 돌단풍을 키워 다시 무성한 그늘을 짓고 싶은
어릴 적 그 둥구나무

나뭇잎도 가을 깊으면 단풍으로 뚝! 뚝! 떨어져 내리는 것
강물처럼 흘러가는 덧없는 한 생애를
외롭고 쓸쓸하게 높은 하늘 가을이 오면
저 속 깊은 둥구나무에게 이젠 내가
불타는 단풍이 되어 주고 싶다

할머니의 행커치프

할머니 옷소매 속에 숨어 있던 하얀 손수건
한겨울 콧물 줄줄 흘리던 손녀딸
입가를 알뜰살뜰 닦아 주시던 행커치프
잔칫집에 다녀오실 땐 꼭꼭 접어
밤, 대추, 알사탕 싸다 주시던 날렵한 핸드백

할머니 갈퀴손 잡고 시내 건너 마실 갈 때
우르르 쾅쾅 소낙비 쏟아지면
내 머리를 폭 덮어 펼쳐 주시던 하늘 우산

꼬부랑 고갯길 훠이훠이 넘으실 땐 땀수건
할머니는 그렇게 손수건 요술쟁이셨네
오늘따라 할머니의 마술 손길이 포근포근
봄 아지랑이 꽃가지 피우며 하늘거리네

어머니의 찬 손

질항아리 밑바닥 구석에 남아 있는
한 움큼 밀가루
손등에 묻은 하얀 가루를 살뜰히 뭉쳐
홍두깨로 죽죽 밀어내 무슨 소원을 빌고 계시는가

울타리 속 숨겨 둔 애호박 한 개, 여린 호박 순애기
숭숭 썪어
쪼그라진 감자와 풋고추도 썰어 넣고
훌훌 목구멍 뜨뜻이 넘어가는 칼국수 한 그릇을
순식간에 내오신다 그 시절 어머니는

그토록 늘 허기진 내 안인 줄을 어찌 아셨을까
마지막 남은 밀가루 한 줌이
어머니의 손 안에서
이 세상 헐벗은 길손들을 위해 반죽되어
곱디고운 새 생명꽃을 피워 낸다

아버지를 위한 작은 기도

1

이마와 콧대를 꼭 빼닮았다는 사랑하는 딸
중절모에 도포 자락 휘날리며
온몸으로 찬 바람 막아 주시던 아버지를
그려 보고 싶다

조상님 모시는 일 으뜸으로 살피시고
술 한 잔에 시 한 수를 읊으시던 분,
트랜지스터라디오를 벗 삼아
세상과 교통하며 인생을 간추리시던 마을 어르신

2

농촌 청년들과 새벽 글 읽으실 제 콸콸콸 샘물 솟던 목소리 근대화든 산업화든 유행에 물들지만 않게 하려던 고집스러움 구학문 낡은 틀이라고 아버지 말씀 귓등으로 흘리던 딸에게 사랑방 누런 고서들을 펼쳐 보이며 놋 거울 눈동자 속에 어려 비치던 수심 많던 그늘 그림자

초등학교 입학식 운동장 가에서 사 주신 쑥 송편의 향긋한 맛 유리창 밖에서 몰래 넘겨다보시던 공부 시간의 잔잔한 미소, 공책을 살짝 열어 보시고 별을 다섯 개나 그려 넣어 주신 흐뭇한 손길 그 밖에 딸에겐 별 말씀이 없으셨다

3

오로지 번개 눈빛 마주치며
천둥 불기둥을 일으켰던 믿음 하나
창문 넘어 이슥히 바라보시던 그 아득한 눈빛
공책을 넘기시던 곱은 손가락

머언 길 떠나시던 날 야윈 손 내밀어
꼬옥 잡아 주시던 마지막 힘
"널 믿으마"
그렇게 오늘도 가슴 깊이 살아 있는 아버지, 아버지는

버리지 못하는 것들에 대하여

사철 늘어 가기만 하는 옷가지들
눈만 뜨면 옷장 속에서 자리다툼을 벌인다
봄, 여름, 겨울 포개 둘 수 없어 넣었다 뺐다 하는 사이
옆구리 사방에서 쳐들어오는 말
이제 그만 버려요, 버려!

(그래도 다시 옷가지들을 주섬주섬 정리해 본다
버릴 것, 걸어 둘 것, 깊은 서랍 속에 그냥 넣어 둘 것)

오래전 생일날 엄마가 사 주신 원피스
막내 동생 장가가는 날 장만해 입은 한복
첫아이 돌잔치 날 차려입은 드레스

(아! 그 사람이 거금을 주고 백화점에서 사 준
투피스 반가운 이 옷가지까지)
옷장 안 여기저기서 그리움 반 어두움 반
사람들이 웃으며 걸어 나온다

단순히 내가 사 입은 옷쯤이야 미련 두지 않겠지만
그저 낡은 헌 옷이 아니라 추억을 수놓은 꽃무늬 그 세월
내 허물마저도 벗어 그 옷 그늘 속에
함께 묻어 두고 싶다네

추억의 별 크리스마스

메리 크리스마스, 즐거운 성탄!
카드에 적힌 인사말 한 줄이
솜사탕처럼 달콤하던 어린 시절
카드 위에서 빤짝이던 별들이
밤하늘 별빛보다 더 아름답던 크리스마스이브

빨간 리본 선물상자를
일 년 내내 기다리던 밤의 설렘

크리스마스! 밤새 들려오던 함박눈 종소리
들으면서 명동으로 종로, 광화문으로
쏘다니던 젊은 날의 크리스마스
그 설레던 날들이 잠잠히 내게서 사라져 가고
핸드폰 문자로 문득 날아드는 크리스마스 캐럴

오지 않는 그리운 사람들을 기다리며
내가 나에게 띄우는
메리 크리스마스! 해피 뉴 이어!

밤바다 고래 축제

파란 융단 길게 끌며
고래의 손을 잡으러 걸어가는 바다의 신부
하얀 파도의 포말

동해 바다 뒤덮으며 달려가는
저 철부지 파도의 하얀 엉덩이를 보아라

검은 밤바다 한복판
깊은 물속에 잠겨 누군가를 고대하는
고래의 못난 아내가 되고 싶다

파도의 고래들이 엉켰다 부서졌다
뒤틀리며 춤추는 바다의 회오리 울음소리
고래는 울산바위보다 디 큰 울음으로
세상의 파도를 꿀컥 삼킨다

제2부

삐끗 천지 한 세상

만화경 세상

내가 좋아하는 만화의 나라에는
언제나 착한 사람, 나쁜 사람이 편을 갈라 싸운다
가진 것 하나 없이
착한 사람이 승리하는 장면을 고대하며 읽곤 했다

그런 만화 세상은 살 만한 꿈을 키우는
통쾌한 나라일까 궁금하여
밤새워 읽고 또 읽곤 했다

생각해 보니 할머니의 옛날이야기도 만화경 세상
그 옛날 어렸을 적 할머니는 지금
어느 좋은 나라 왕비가 되어 행복하게 사실까
아주 나쁜 나라 하녀 되어 뿌리 없이 떠돌고 있을까

키가 무럭무럭 커진 이 시대의 신세대 사람들도
착하고 나쁜 두 패로 갈려
반쪽 세상만을 아프게 살아가고 있다
동 · 서 · 남 · 북 · 북남서동 함께 어우러져 사는
그런 나라 대통령은 오직 만화경 세상에서

어미 소, 다시 초원을 향해 걷는다

황토 강물을 건너는 누 떼를 보았다
머리는 초원을 향하고 검은 눈망울 부릅뜬 채
첨벙첨벙 필사적으로 물장구쳐 대는 소들의 성난 물결
허둥지둥 누런 물살을 가른다

간신히 언덕을 기어오르다 왼발을
삐끗! 놓쳐 버린 송아지 한 마리
저만큼 무리들이 벌써 사라져 가는데

숨어서 기다리던 악어의 벌어진 아가리 속으로
이끌려 들어가는 새끼, 누 새끼 한 마리!
죽도록 잡아끌어 올려야지 하면서
어미 소 걸음을 멈추고 머리를 길게 뻗어 본다

털 복숭이 두 다리를 바동대며 어둠의 블랙홀 속으로
삼켜지는데, 어미 소는 묵묵히
다시 초원을 향해 발걸음을 떼어야 한다

말없이 무리를 따르는 어미 소의 휘청대는
두 다리가 부르르부르르 떨고 있다

지하철은 핸드폰, 손거울, MP3를 싣고

문이 열리고
사람들이 우르르 안방으로 몰려든다
앉자마자 핸드백 거울을 들고
화장을 고치는 긴 머리 아가씨

출입문에 기대서서 고개를 끄덕이며
열심히 전화 받는 아저씨
엄마 품에 안겨 우유를 마시는 천진스런 아가

저 맞은편에선 책가방을 울러 메고
무아지경 MP3에 취해 있는 여고생
접힌 신문을 뒤적뒤적 살피며
열심히 오늘 하루를 훈수해 나가는 청년

"여기는 이촌, Ichon역입니다"
스르륵 문이 열리자 인사도 없이
속수무책 사라져 가는 지하철 아침가족들
긴 터널을 지나 삶의 광야로 쏟아져 달려가는

희망의 부표들이 강물을 출렁인다

아기들은 여전히 흰 우유를 마시고

매일 아침 까치 울음을 기다린 적이 있던가

깍깍 까까 깍 스타카토 목청을 뽑아낼 때마다
꽁지 지휘봉 흔들어 박자를 맞춘다
언뜻언뜻 하얀 가슴을 드러내 보이며
경쾌하게 새 아침을 노래하는 연미복 신사

까치는 우는 걸까 노래하는 것일까
나이 들수록 세상은 무시로 궁금해지는 것투성이
그러나 아무도
그 해답을 속 시원히 알려주지 않는다

나무들 베어진 도시 한가운데
굵은 전깃줄 사이에서 깍 깍 깍 울어 대는
그리운 까치 소리
세상살이는 기우뚱 웃는 걸까 우는 것일까

풀꽃들의 전쟁

금과 은결로 찰랑대는 봄 아침
너른 마당 이마 위에 햇살폭포수 쏟아지는데
꽃밭에 앉아서 풀 머리채 잡아 뜯는 저놈

"내가 잡초면 넌 잡놈 아녀?"
"누가 옳고 그른지 해볼쳐?"

지켜보던 실버들 이파리들 까르르까르르
바람에 흩날리고

손톱이 빠지도록 땅을 짚고 힘껏 당겨도
꽃잎과 풀잎은 팽팽하게 줄다리기한다

누가 풀잎과 꽃잎을 나란니란
꽃밭에 심어 줄 수 있을까

삐끗 천지 한 세상
— 화분을 들어올리다 세상보다 무거워 내 허리가 삐끗!

1

징검다리를 건너뛰다
내 가랑이보다 더 멀어 발목이 삐끗
빙판길 신발 바닥 쭈르륵 미끄러져 또 삐끗

삐끗삐끗 세상 온통 삐걱거리는 소리
내 몸 안에서 요란하다

시이소를 오르내릴 때,
널뛰기 쿵-쿵 힘주어 밟을 때,
몸무게 발 구름을 잘 가늠해야
세상 밖으로 튕겨 나가지 않는다는 걸

2

입학시험 한 번 삐끗하니
인생길이 삐끗 굽어지고
사랑도 삐끗하니 엇나간 미움에

등줄기가 서늘하다

신작로 고속도로 등산로 그대로
가벼운 발길 작은 걸음 또 · 박 · 또 · 박
아차, 오늘도 삐끗하다 또 한 세상
와지끈 넘어질라

마네킹 경주마를 위한 랩소디

1
쇼윈도 밖으로 마네킹이 걸어 나온다
코디네이터 두 명이 그를 붙잡아
의자에 앉히고 긴 스타킹을 입힌다
하얀 부츠를 신기느라 두 여자가 매달려
다리를 벌리고 펴고 오그린다

머플러를 날리는 마네킹은
빳빳한 두 다리를 꼬고 앉아
백화점을 몽땅 사겠다는 포즈다

2
999만 원 이름표를 달고 누군가를 바라본다
오늘은 누가 내 몸을 사 줄까
야무진 콧대를 세우고 응시하는 상품화된 눈망울
못 본 체 비껴가는 무표정의 손님들

문지방에 앉아서 온종일 대문 밖을 내다보는
99세 꼿꼿한 할머니
의 허한 눈망울이 이 시대의 경주마로 달려간다

발톱 사고에 관한 119 보고서

1

밤 9시 뉴스가 불꽃을 튀기고 있다
나는 아직도 읽지 못한 조간신문을 펴들고
내인의 반톱을 깎는다
잘려 나가는 발톱들이
뉴스 후폭풍에 놀라 톡톡 방구석으로 숨어든다
또 대형사고가 터졌다고? 소리치는 순간
발톱 살 속에 깎이날이 푹 패어 들고 말았다
온몸이 짜르르
피까지 쪼르륵 흐르는
119
돌발 대형사고!

2

건넌방 세 들어 사는 할머니
늙어 가는 홀아비 아들

방랑벽이 도질 때마다
“엄마 알기를 발톱 밑에 때만큼도
즈 엄마 알기를 발톱 밑에 때만큼도……”
구시렁구시렁 발톱으로 노여움 삭이는
세상 물결치는 파도 소리
9시 뉴스 스크린 따라 출렁인다
나의 천지개벽 발톱 사고는 왜 뉴스가 되지 못할까
제멋대로 고시랑고시랑 대답 없는 세상에
119 구급대 경고음만 메아리친다

꽃바구니 이야기
— 통일세상을 위하여

아름다름 무지개 꽃잎들이
손잡고 까르르 웃고 떠든다

올망졸망 함박꽃, 도라지
싸리꽃, 카네이션 모두들
작은 꽃밭으로 어우러져 깔깔댄다

꽃바구니 통일세상 이루기 위해
서로 자리를 비켜서고 물러서며
키 높이를 낮추고 일어선다

내 마음속 한 아름 심겨진 꽃동산
송이 송이마다 가슴꽃 피어나네
꽃바구니를 안겨 준 아이들
새하얀 치열이 죄 하나 없다

한 걸음, 두 걸음

한 걸음 더 빨리 가고 싶다
더 멀리, 조금 더 높은 곳으로

비 갠 시멘트 길바닥을 뒹구는 왕 지렁이
멀리서 콧대 높아져 날아온 도시 지렁이까지도

너무 멀리 와 제자리를 놓쳐 버린
몸부림을 보며
한 걸음, 두 걸음
또 한 해가 가고 있다

제3부

위대한 노동

막막하던 올챙이 시절을 지나

우물 안을 겨우 벗어나면
또 뱀의 덫을 넘어서야 뛴다

올챙이를 겪으며
개구리가 우물 밖 더 큰 세상을
꿈꿀 때
(이 은혜를 어찌 갚겠어요 평생)

나를 사람으로 만들어 준 물과 바람과 흙의 따뜻한 손,
그 무언의 손길들을 못 본 척 개구리로만 튀어 오르는
무논 속의 저 올챙이들을 보라
(누구에게나 올챙이 시절은 있다)

나는 공사 중입니다

1
이 골목 저 골목 두더지 떼
구불구불 파헤치는 우리 동네
날마다 이쪽 사람 비키고 저 자동차 피해 가며
다리를 오그려야 납작 집에 당도할 수 있다

“안전제일”
“특화 거리 조성 공사 중”
푸른 팻말에 아무도
이의 없이 불편을 피해 간다

빨간 줄금 쳐 놓은 구석에 홀로 서서 바라보니
세모, 네모, 마름모꼴 돌덩이들 여기저기 엎드려 있다
흙을 고르고 물을 뿌리고 돌을 얹어 귀를 맞춘다
딸각딸각 인부들의 땀방울이 튀어
네모 틈 사이를 메우는 사이

2

나는 바로 내 스스로가 공사 중임을 알았다
자리를 서로 비켜 주고 하나가 되어야
비로소 스스로가 길이 된다는 것을

오늘도 우리는 누구나 내 안에
새 길을 만들어 가는 공사 중

구두병원에 와서

1

오로지 한 주인만을 섬겨 온 발
자갈밭, 돌다리 건너 어디든
발톱이 멍들도록 주인의 한 세상을 이끌고 온 신발이
오늘은 구두병원 수술대 위에 누워 있다

필요할 땐 주인의 키를 높여 주고
낮춰 주기도 하면서
발바닥을 감싸 머리끝까지 주인의 길 따라오느라
노새처럼 등이 구부러져 있다

기고 걷고 뛰기도 하면서
수많은 발들에 차이기도 하면서

2

그러나 오늘은 멍들고 닳아 버린 노구를 뉘인 채
눈 감고 있다

병든 구두를 가슴에 안고
의사 선생님은 오늘도
정성스레 꿰매고 약을 바른 후
가지런히 발에 맞추어 신겨 본다

굽이 떨어져 절룩거리던 발
어느새 제자리에 서서
뚜벅뚜벅 제 갈 길을
걸어가고 있다

발이 걸어간다

독일 땅살을 딛고 걸어가네
낯선 강의실을 같이 찾아가 주고
두려운 교수님을 만나게 해 주던 나의 발

이방의 땅을 재겨 딛어야 했던 발걸음들
가시를 밟아도 개똥을 밟아도
진흙 속에 빠져 허우적대도
힘껏 빠져나와 다시 제자리를 걸어가 주던 그 발

아침저녁 씻어 내는 옹이 못 군살 박인 발
오늘은 괴테의 언덕을 구슬땀 흘리며
둘이서 저 홀로 오르고 있네

소

무주 구천동 삐딱밭 갈아엎는
황소 무릎 우글탕부글탕 삐걱거리며
자갈밭을 헤친다
흙을 곱게 골라 목숨을 품게 하려는 저 외고집
잡초도 뽑아내고 자갈돍도 골라내는데

어느 것이 잡초이고
어느 것이 향초인가
꽃이 피어 봐야 안다고
흙을 평평하게 목숨 내려놓을 그때까지
갈고 있겠다 저 황소는

나, 지금까지 몇만 걸음 걸어왔을까

오늘도, 나를 꼿꼿하게 세워 주는 두 발
지금까지 몇만 걸음 떼어 왔을까

그 걸음걸음 속에 피고 진 꽃송이들은 얼마
그 걸음걸음 따라 흘러간 강물은 또 몇천 리
그 걸음걸음으로 비워 낸 밥그릇은 또 얼마이랴

나는 내 두 발로 걸어 나이를 먹어 가고
육십갑자 지구를 한 바퀴 돌아

걸어서 제자리에 돌아왔네
아직도 내 발자국 하나 어디에도
새겨 두지 못한 채

'잠깐' 과 '그리고' 그 사이에 서서

'잠깐' 이더라
쪽진 머리 가만가만 하얘져 갈 때
넌지시 던지시던 어머니 한 말씀

어머니, 70성상을 잠깐이라 하시네요
그 세월 어떻게 살아 낼까
아득하기만 하던 첩첩 산이었는데

그리고 불혹을 흘러 흘러 먼 산 희미하게 뵈더니
어느새 60고개 넘어가는 이 천 근 발걸음
내려다보는 순간
너무 잠깐, 벼랑길이 펼쳐지네

어머니 말씀 내 가슴에 오롯이
당노하는 멀고도 가까운 길
헛걸음질만
그토록 가깝게 아득했나요

원더풀! 하늘이 정말 파랗군요!

낯선 눈망울 이국
처녀들이 김치를 담그고
들쑥날쑥 한국말로
하루치 생의 그물을 엮어 간다

사랑입네 돈입네 멍들어 지친
먼 나라 처녀들의 파란 하늘
왜 한국 땅에 시집왔을까

아픔 꾹꾹 눌러 핀
시댁 마을 뒷산 진달래 꽃 따며
새색시 친구들
구멍 난 세월 그림자를 깁고 있다

서울 하늘에는 가끔
승자도 패자도 아닌
구름 한 점만 고요히 떠간다

위대한 노동

멍하니 쉬고 있는 개미를 나는 본 적이 없다
짧은 다리로 온몸을 곰실곰실 움직이면서 하루 종일,
높은 포복 낮은 포복 한 세상을 기어서 간다

누군가의 발자국에 움푹 고인 빗물도
개미에겐 바다가 되어 버리지만
부서진 잠자리 날개를 입에 앙 물고
끄덕끄덕 바닷길을 외돌아가는 개미 행렬

눈, 코, 입 분간 없어도 서로 몸을 맞대고
실허리로 온 지구를 이고 끌고 가는
개미들의 저 위대한 노동을 보아라

움직이는 세상을 온몸으로 끌고 가는
가장 작은 개미 부처의 화엄 광채를 보라

개미 새끼 한 마리 뵈지 않는다고?
함부로 말하지 마라, 사람들아!

제4부

씨앗명상

UFO 잠자리

울타리 가지 위에 살포시 내려앉아
두리번두리번 눈동자를 굴린다
고추잠자리 한 마리
살금살금 조심조심
꼬리라도 잡아 볼까 슬며시 다가서니
하늘상모를 휘돌리며 치솟아 오르는
저 UFO 초고속 제트기

고개 숙인 강아지풀 내 종아리를 간질이며
까르르 놀려 댄다 "바보야! 이 바보!"
잡힐 듯 멀어져 가는 고추잠자리
뜨거운 여름마다 날개도 없이
그를 좇아가던 내 꿈 많던 세월들

차디찬 어둠, 깊은 땅 유배 끝에
소리 없이 날개를 저어
이 세상 끝가지 날아오르는 너

해바라기의 비명碑銘

해바라기 해그림자를 따라다니며
무수한 말들을 외면하곤 하였지

어른이 되어 영근 씨앗을 품은 해바라기
비바람이 마구 흔들어 대도
다시 제자리로 돌아와 고개만 숙이고 있었네

이 세상 모든 상처받은 해바라기를 위해
가는 허리 구부려 하늘 올려다보며
온몸으로 바람을 손사래 치네

그늘 그림자 하나 없는 해바라기를 위해
오늘도 묵주기도 하네

태풍 부는 날의 인상화

태풍은 세상을 뒤집어 국경을,
지도를 지워 버린다
남과 북, 평생 바라만 보던
나무와 꽃, 바위덩이도
산 넘고 바다 건너 먼 곳에 실어다 준다

그가 지나간 자리엔 어느새
새 풀꽃 생명이 돋아나고

죽음은 또 다른 자연의 흐름인가
먹히면, 먹은 자의 생명을 이어 주고
강풍은 나를 나답게 더 강하게 몰아친다
난류를 타고 북상해 온 남극의 물고기 떼처럼

유배 나무

무슨 큰 죄를 지었기에
뿌리째 뽑혀 실려 가고 있을까
태어나 한 걸음도 움직여 본 적 없던
나무가
정든 마을과 단짝들을 남겨 두고
어디론가 총총 떠나가고 있다

패션모델처럼 늘씬한 몸매
봄, 여름 그리고 가을, 겨울
텅 빈 마을 앞을 묵묵히 지키고 서 있던
미루나무

가지들 짓눌려 꺾여 버리고
발 뿌리 덮어 주던 흙을 움켜 안은 채
오랏줄로 칭칭 감겨
어디로 유배 가고 있느냐

휘몰아치는 바람의 끝자락을 밀쳐내며

이파리 오들오들 떨며
어느 외진 뜰 앞에 서서 안주인의
목숨의 부활을 꿈꾸려 하는가

늘 미안하다, 나무야

나무 너 보아라!
너는 왜 오늘도 그 자리에만 그렇게 서 있니
바보같이 그 자리만 지키고 있느냐?
태풍 곤파스가 만드레치며 너를 짓밟은 그 자리
지조를 지키려 안간힘 쓰는 너를 본다

할퀴고 꺾어 버리고 분질러 놓고
힘으로 너를 쓰러뜨리고 가 버린 그 천둥, 우레
비바람을 왜 전신 침묵으로 견디고 있었느냐, 너는

나는 두렵고 무서워 방구석에 박혀
늘 미안한 나무 너를 제발
그냥 그 자리에 내버려두어 달라고
빌기만 했을 뿐이더냐

네 맘대로 걷고 뛰지도 못하게 한 너의 하느님
아직도 만나 따져 보지 못해
정말 미안해, 나무야!

아무나 열지 못한다
— 씨앗명상

박 넝쿨이 제 목숨의 문고리를 꽉 쥐고 있다
어둑한 할아버지 방
세상 향기에 코끝이 아리다

해 종일 화단에 쪼그리고 앉아
도깨비 가시풀로 돋아 있던 억센 세월
이제, 물렁한 시간들을 흙 속에 묻는다

제 새끼밖에 모르는 고집불통 세상
감추고 싶은 얼룩 마음 어루만지며
새순은 하늘하늘 손을 내밀어 본다

쑥쑥 하늘로 뻗어 가는 덩굴의 팽팽한 힘
아픈 가시도 힐어 내리고
손자를 알아보는 틀림없는 눈빛

그 씨앗에서 참 자유가 움튼다

오늘 누가 씀바귀나물을 먹는가

요새 아이들에게
'가난' 이란 말은 사라져 간다
'가난' 이란 말 아무리 사전을 찾아 읽어도
끝내 그 뜻을 제대로 알지 못한다

어두워 가는 낯빛 감추지 못하고
눈 둥그레져 서로 바라보며
'글쎄, 참' '참, 글쎄' 할 뿐
할 말을 찾지 못하는 젊은 교수들
씀바귀나물을 먹어 본 적 있는가

자식도 늘 기쁨만은 아닌 것을
달콤한 행복 속에는 씀바귀처럼
독하고 쓴 맛이 섞여 있다는 것을
자식을 둔다는 것은 쓴맛 단맛을
다 우려내서 오래오래 맛보라는 뜻인 것을

저 풋것들이 살랑살랑 영글어 가는 모습

지금 내 눈엔 떫고 시려도
다 내 젊은 날의 씀바귀 뒷모습인 것을

건망증에 관한 한 보고서

— 아침 출근길 버스 정거장에서 갑자기
보글보글 끓다가 타들어 가는 냄비의 까만 연기가 확!
끼쳐 왔다

설거지 그릇을 닦으며 잠간 끓여 두어야지 했는데
"분명코 밸브를 잠그지 않고 나왔어,
지금쯤 부엌에서 거실로 안방으로
연기 자욱 불꽃이 피 · 어 · 오 · 르 · 리 · 라!?"

구두굽이 떨어져 나가도록 숨차게 달려서
현관문 헐레벌떡 부엌으로 달려가니
매일 닦아 반짝반짝 윤이 나는 찌개냄비
물끄러미 나를 바라본다

이제 마악, 더운 김 내뿜으며
이젠 제발 나를 잊지 말아 달라고

봄바람 삼매경

지붕 위에 던져 올린 사랑니
앞니 빠진 살강 쥐
웃니 빠진 달강 쥐

살강달강 봄바람 간지럼 먹이네요
초가지붕 타고 수양매화 늘어지네요
버들개지 시냇가에 새앙 눈뜨고

개나리꽃 울타리 속 잎 속에
뾰족뾰족 새 치아가
아금아금 돋아나네요

흑암 눈물 꽃

검은 옷들이 여기저기 밥그릇들을 나르고
마지막 그를 보러온 사람들은
매운 육개장 국밥을
훌훌 아무렇지도 않게 먹는다

검은 테 액자 안의 그는 여전히 웃고 있었고
빛깔을 내기 위해 갈고닦던
부지런한 손과 발 어디에도 보이지 않았네
숨겨둔 사연 하나 구레나룻 깊이 파이고
겸연쩍은 눈빛 웃음 속 반짝 빛나는
눈물 흑암黑暗 꽃

살빛 눈빛 빠져 날아가도
밥을 먹는 것이 삶이라고 하던
그 사람의 말과 글자들은
무슨 새 되어
어느 하늘 날아가고 있을까

제5부

본래 면목

나는 누구일까
— 종합검진

이 소리가 들리나요? 저 글자는요?
두 눈, 두 귀가 멀쩡해야 책이라도 볼 텐데
두근두근 허공을 바라보는데
가느다란 팔뚝에서 간호사는
마음껏 피를 뽑아낸다

기기묘묘 기계들이
내 몸속을 제 영토처럼 휘젓고 다닌다

내 몸도 잘 모르는 나는 과연 누구인가
아니 내 몸은 누구의 것인가
정신은 다 놓고
기계를 따라
앉고 서고 눕고 굽혀지고 사진 찍히는

허리 구부정한 저 여자는
누구?

누가 히말라야를 보았는가

정복자들은 의기양양 '나마스테'
이야기를 한 줄로 줄일 뿐이다

수만 어깨동무 봉우리들
그 우뚝함을 보았는가
하얀 눈, 새하얀 구름
아무런 우쭐함도 없이

새끼 봉우리가
큰 어미 봉우리를 받쳐 주며
서로 부둥켜안고
서로의 칼바람, 송곳 외로움을 떨쳐 내는
누가 저 히말라야를 보았다 하는가

본래 면목

얼음이 햇볕에게 몸을 눕힌다
얼음은 사라지는 것이 아니다
본래 제 모습으로 돌아가
다시 물의 몸을 되찾는 것일 뿐

나뭇잎이 떨어진다
다만 부서져 사라지는 것이 아니다
잘 익어 가벼이 단풍잎으로 흩날리다가
새봄을 푸르게 장식하는 썩지 않는 꿈일 뿐

오늘도 강 물살을 따라

1

사람들 몸속에서 숨차게 흘러나오는 물길
드넓은 바다의 한숨일까요
당신은 낮이나 밤이나 물길 물길 달려만 갑니다
시간도 서로 어깨를 겯고 틀며 흘러 흘러 갑니다

그렇게 흘러만 가려거든 내 한숨도 담아 가고
내 가난도 남루 남루 실어 가구려

거센 폭풍우 속에서도 고요히 흘러가는 물줄기
물살 끓어오르는 흰 거품 수천 수백 번 맴돌아
풀어내고 쓰다듬어 치솟는 울분 삭이고 가라앉혀야
비로소 바닷물로 흘러듭니다

2

한복판을 벗어나 외진 갓길도 흘러가고
풀잎에 걸터앉기도 하며

바위에 누워 유유히 쉬어 가는 물방울들

굽이굽이 휘돌면서
누구도 재촉하지 않는 물길을 만들어 갑니다

하늘 우러러 스스로를 들여다보고
들꽃들과 도란도란 속삭이기도 하면서
쉬엄쉬엄 흘러가는
저, 세월의 순한 강물이여

물은 무심히 흐르기만 하는가

마음연못이 고요할 때는
풀잎들이 수채화 수를 놓는다
바람이 불끈 화를 잠재우지 못하면
연못도 그만 마음거울을 깨뜨리고 만다

푸르르 흔들리는 연못가에는 여뀌풀도
쑥부쟁이도 눈감고 고개 숙인다
지나가는 이의 연못 마음도 출렁거려
아무도 물속 하늘거울을 보지 못한다

무심히 흐르는 물거울은 맑고
고요하게 깊어 간다
마음속 불길을 잠재워 주기만 한다

가랑잎 하늘

푸르름 뚝뚝 떨어지고 있네
이 바람 저 바람 달래다가 지쳐
그만 초록 손 놓쳐 버렸는데

물결 물결 떠다니다 흘러 출렁이다가
어느 구석에 박혀 버리고 마는 우리들
홀연히 그 틈으로 스며드는
짠물, 민물

높은 하늘도 넓은 바다도 아니다
세상 한가운데도 아니다
하늘 끝 바나 뫼신 보둥이에서
애간장 녹여 새싹을 틔우고 사라진다

가벼워져 땅으로 떨어져 내리는
가랑잎 하나에서
우주의 눈물을 읽는다
가을

꽃모종 피워 가는 길

— 비틀비틀 걸음마 쫓아 대문 밖 골목까지
온종일 밥숟갈 떠먹이고 물 한 모금 홀-짝

느닷없이 배 아프다 아가 운다
손바닥에 배를 포옥 싸안고
"엄마 손은 약손, 엄마 손은 약손"
더듬더듬 내 어머니를 떠올리면

아가의 눈망울이 반짝!
별빛 꽃모종을 심는다

"그래, 그래!" 그렇게
엄마는 따뜻이 너를 쫓아가는 길
네 꽃 씨앗을 모종하고 피워 가는 길

초로 부부 이야기

겨울바람에 날리는 검불 한 잎
할아버지 어깨를 툭툭 털어내는
할머니의 곱은 손길

뜨뜻한 국밥 한 그릇 마주하여
깊은 심지 속 서로 언 몸을 녹여 주네

등잔불 가뭇가뭇 타들던 하얀 심지
단 한 줄 시詩를 쓰고 지우고 또 쓰던
젊은 날 늦가을 그을린 얼굴
그리움으로 사위어 가던 밤

이제, 둘이서 시남 시남 늙어 가도
새 심지 한 쌍 나란 나란 살아나니
푸르게 푸르게 한 세상 이어져 가네

365일, 한 발자국도 떠나지 못하지만

밤마다 온 우주를 다 받아 껴안고
하루도 희망을 잃지 않으며
푸른 하늘을 우러러
높이 높이 손을 흔든다

가지들 사이로 고단한 새들을 쉬게 하고
마침내 둥지 틀어 새끼를 낳게 한다
푸른 잎들 포근히 이불 덮어 주고
어미 새 되어 날아가면
조용히 가랑잎 거름이 된다

그래도 못 믿어 가지 끝에 남겨 둔 까치밥
겨울 폭풍 눈 덮인 벌판에서
허기진 새들이 언 날개를 털 때

두 팔 뻗어 훠이 훠이 가슴 속살로
따뜻이 녹여 준다

너, 대지의 어머니 감나무여

다시 첫 걸음마

갓 돌 지나 뗀 걸음마

더 멀리 높은 길 향해 걸어가라고
앞으로, 앞으로만
붙잡아 주시던 어머니, 아버지
선생님들……

평탄 대로를 수없이 놓치고
혼자 헛발질하며
그 길 찾으려 허방을 딛고 걸어온
어수룩한 내 발의 한 생애

스스로 뒷걸음질 칠 줄 아는
내 걸음마가
다시 시작되고 있네
이제 이순을 바라보며

삶의 가치화 또는 '걷다'의 진행형을 위하여

김 재 홍
(문학평론가 · 경희대 교수)

구이람 시인이 재등단 후(2009) 첫 시집 『그 여자 몇 가마의 쌀 씻어 밥을 지어 왔을까』(2009)를 펴낸 지 1년여 만에 다시 두 번째 시집 『걷다』를 펴낸다. 매우 부지런하게 의욕적으로 창작활동을 진행해 가고 있는 모습이 아닐 수 없다. 그만큼 늦깎이 시집을 펴낸 시인으로서 정진을 보여 주는 동시에 치열한 시인정신을 구체적으로 과시하는 일임이 분명하다.

첫 시집에서 시인은 새 출발의 심지를 가다듬으며 몽당연필시론으로서 닳아 가는 삶, 그러나 새로운 삶을 향해 달려가는 시인정신을 펼쳐 보여 주었다. 아울러 비판적 생의 인식과 인생론 탐구, 생명사상과 식물상상력, 그리고 신생의 시학의 면모를 진지하게 천착하여 독자들의 관심을 환기한 바 있다. 특히 여자의 일생을 「그 여자 몇 가마의 쌀 씻어 밥을 지어 왔을까」라고 식생활로 리얼하게 형상화한 것은 의미 있는 일로 평가되기에 충분하다.

이번 시집에서도 이러한 기본적인 인생론의 탐구는 그대로 지속되는 양상을 보이는 것이 사실이다. 그러면서도 "그 걸음걸음으로 비워 낸 밥그릇은 또 얼마이랴"와 같이 식생활로 시야를 확장하고 심화하는 등 새로운 변화를 모색해 가고 있어서 주의를 환기한다. 이에 새 시집의 세계를 간략히 살펴보기로 한다.

1. 과거적 상상력 또는 낙원 회복의 꿈

이번 두 번째 시집에는 첫 시집에서의 동심 지향성이 과거적 상상력의 모습으로 지속되고 있어 관심을 환기한다. 「배내옷」 「색동저고리」 「몽당연필」 등의 동화적 심상의 연장선상에서 조금씩 변화하면서 과거적 상상력으로 실체화되고 있는 것이다.

할머니 옷소매 속에 숨어 있던 하얀 손수건
한겨울 콧물 줄줄 흘리던 손녀딸
입가를 알뜰살뜰 닦아 주시던 행커치프
잔칫집에 다녀오실 땐 꼭꼭 접어

밤, 대추, 알사탕 싸다 주시던 날렵한 핸드백

할머니 갈퀴손 잡고 시내 건너 마실 갈 때
우르르 쾅쾅 소낙비 쏟아지면
내 머리를 폭 덮어 펼쳐 주시던 하늘 우산

꼬부랑 고갯길 훠이훠이 넘으실 땐 땀수건
할머니는 그렇게 손수건 요술쟁이셨네
오늘따라 할머니의 마술 손길이 포근포근
봄 아지랑이 꽃가지 피우며 하늘거리네

—「할머니의 행커치프」 전문

이 시에는 동화적 심상, 즉 동심이 과거적 상상력의 모습으로 구체화되어 나타난다. 할머니와 그 손수건의 추억은 지난날 행복했던 유소년 시절의 정감을 아득한 그리움으로 일깨워 주면서 그 잃어버린 시간, 떠나간 사람들에 대한 그리움과 회상, 추억들이 그냥 흘러가 버린 것이 아니라 오늘의 삶에도 그대로 작용하고 있는 특징을 보여 준다. 어린 손녀에게 할머니의 손수건은 그대로 어린 삶을 보살펴 주고 이끌어 주던 그 시절 삶의 다용도 보호막이면서 생활용구이고 '하늘 우산'으로서 의미를 지니지만 동시에 오늘의 고단한 삶을 밀어 주고 끌어 주는 정신 견인력으로서 작용하고 있다는 뜻이다. 그러한 아름답고 소중한 추억의 공간 상상력의 하늘이 있기에 오늘날의 고달프고 삭막한 삶에서 따스한 위안을 발견하고 희망을 잃지 않고 새로운 힘을 획득해 나아갈 수 있는 동력을 확보하게 된다는 뜻이다.

우리 동네 어귀 늙단풍나무 한 그루
옛날 어머니 외갓집에 다녀오시던 하얀 길
아버지 장에 갔다 취해 돌아오시던 어둔 밤길
맨 먼저 반갑게 맞아주던 보름달 둥구나무
동네 꼬맹이들 도란도란 다람쥐처럼 드나들던

이제 너무 늙고 쪼그라져 동네 사람들
아무것도 해 줄게 없어 부끄러이 내미는 깡마른 손
미안한 마음에 나무는 밤새 피가 나도록
온몸과 마음을 서로 부비며 잠을 깨운다
나뭇잎 돌단풍을 키워 다시 무성한 그늘을 짓고 싶은
어릴 적 그 둥구나무

나뭇잎도 가을 깊으면 단풍으로 뚝! 뚝! 떨어져 내리는 것
강물처럼 흘러가는 덧없는 한 생애를
외롭고 쓸쓸하게 높은 하늘 가을이 오면
저 속 깊은 둥구나무에게 이젠 내가
불타는 단풍이 되어 주고 싶다

—「둥구나무 단풍의 노래」 전문

이러한 과거적 상상력의 동력은 할머니나 어머니, 아버지 등 가족 친척들, 즉 인간사뿐만 아니라 풀과 나무, 동네 등 인간의 삶을 둘러싼 환경으로서 자연사, 산천초목까지 확대됨으로써 더 생생한 생명력을 확대하고 심화해 가게 된다. 인용

시에서 보듯이 둥구나무 고목에게서 지난날의 삶과 인생사의 의미를 반추해 보면서 오늘을 살아가는 새로운 재생의 동력을 회복하고자 하는 것이다. "온몸과 마음을 서로 부비며 잠을 깨운다/ 나뭇잎 돌단풍을 키워 다시 무성한 그늘을 짓고 싶은/ 어릴 적 그 둥구나무// (…중략…)/ 외롭고 쓸쓸하게 높은 하늘 가을이 오면/ 저 속 깊은 둥구나무에게 이젠 내가 / 불타는 단풍이 되어 주고 싶다"라는 구절에서 보듯이 과거적 상상력은 단지 흘러가 버린 것이 아니라 오늘의 삶에도 지속적으로 작용하면서 새로운 꿈과 생명력을 획득해 가고자 하는 낙원 회복의 꿈, 생명력 복원의 희망을 일깨워 주는 촉매로서 작용하고 있기 때문이다.

실상 "어린이는 어른들의 아버지"라는 저 유명한 워즈워스의 시구가 있지 않던가! 동심 회복의 꿈은 낙원 회복의 꿈이면서 생명력 회복을 갈망하는 인간의 영원한 심성에 해당하는 것으로 이해되기 때문이다.

2. 실존의 불안과 불연속적 세계관

그렇다면 시인이 그러한 과거적 상상력 또는 동심을 통한 낙원 회복의 꿈을 지속적으로 노래하는 까닭은 무엇일까? 한마디로 그것은 오늘날 현대적 삶을 살아가는 실존의 불안 또는 위기의식에서 비롯되는 것이 아닌가 한다.

밤 9시 뉴스가 불꽃을 튀기고 있다
나는 아직도 읽지 못한 조간신문을 펴들고
내일의 발톱을 깎는다
잘려 나가는 발톱들이
뉴스 후폭풍에 놀라 톡톡 방구석으로 숨어든다
또 대형사고가 터졌다고? 소리치는 순간
발톱 살 속에 깎이날이 푹 패어 들고 말았다
온몸이 짜르르
피까지 쪼르륵 흐르는
119
돌발 대형사고!

—「발톱 사고에 관한 119 보고서」 부분

오늘날의 현대사회 또는 현대적 삶의 모습은 어떠한가? 흔히 현대의 삶을 3M 또는 3S의 시대라고 일컫지 않던가. 이는 대량생산mass production, 대량소비mass consumption, 대량홍보mass media 등 폭발적인 물질주의와 상업주의의 대두를 일컬으며 그 속에서의 인간 소외와 단절 현상을 의미하는 것이다. 또한 속도speed와 영상시대screen, 그리고 스포츠 또는 섹스Sport or Sex 전성시대, 즉 과도한 기계문명과 전자매체의 홍수 속에서 불안하고 위태롭게 살아가고 있는 실존의 위기를 상징하는 것이 아닐 수 없으리라.

그렇다! 현대인은 누구나 거대한 물신주의와 기계문명 앞에서 단절과 소외를 겪는 불연속성의 시대, 불안과 방황 속에서 살아갈 수밖에 없는 불확정성의 시대를 위태롭게 살아가는 현존재들이다.

인용시에서 단순한 발톱 사고가 실존의 불확정성 또는 우연성과 위기의식을 상징하는 것과 함께 모든 현대인이 감내해야만 하는 총체적 불안을 상징하는 사건임에 틀림없다고 말할 수 있으리라. 온갖 매스컴에서 연일 쏟아내는 각종 사고와 사건, 대형 참사와 천재지변들은 현대를 살아가는 모든 존재자들에게 위협과 폭력으로 다가올 수 있다는 불길한 한 상징에 해당하는 것이 분명하다. 언제나 단절과 소외, 불안과 위기의 방황 속에서 온갖 물신시대의 폭력과 위협을 견디며 살아가야 하는 현대인의 불안 심리와 위기의식이 '발톱' 사고로 예리하게 표출되어 있는 것이다. 세상 여기저기서 폭발하는 대형사건 · 사고는 남의 일이 아니라 언제라도 바로 나 자신의 삶과 직결될 수 있다는 현대인의 불안 심리와 위기의식을 날카롭게 형상화한 점에서 이 시는 의미를 지닌다고 하겠다.

따라서 오늘날 현대를 살아간다는 것은 언제나 폭력과 불안 속에 노출돼 있는 것이기에 그러한 위기와 불안의식은 하나의 불연속적 세계인식을 형성하게 된다.

1
징검다리를 건너뛰다
내 가랑이보다 더 멀어 발목이 삐끗
빙판길 신발 바닥 쭈르륵 미끄러져 또 삐끗

삐끗삐끗 세상 온통 삐걱거리는 소리
내 몸 안에서 요란하다

시이소를 오르내릴 때,
널뛰기 쿵-쿵 힘주어 밟을 때,
몸무게 발 구름을 잘 가늠해야
세상 밖으로 튕겨 나가지 않는다는 걸

2
입학시험 한 번 삐끗하니
인생길이 삐끗 굽어지고
사랑도 삐끗하니 엇나간 미움에
등줄기가 서늘하다

신작로 고속도로 등산로 그대로
가벼운 발길 작은 걸음 또 · 박 · 또 · 박
아차, 오늘도 삐끗하다 또 한 세상
와지끈 넘어질라

—「삐끗 천지 한 세상」 전문

아마도 그렇지 않겠는가? 오늘을 살아간다는 것은 그야말로 언제, 어디서 무슨 일이 일어날지 모르는 불안과 긴장의 연속이 아니겠는가! 세상을 살아간다는 것은 '징검다리를 건너는 일' 이고 '빙판길' 을 건는 일이기에 언제, 어디서라도 위험에 노출되고 위기에 봉착할 수밖에 없는 것이 현대의 삶이고 현대인의 존재상인 것이다. "삐끗삐끗 세상 온통 삐걱거리는 소리"로 요란하고, 마침내는 내 몸속까지 파고들어 뒤흔들고 있는 상황이다. 그러기에 자칫 잘못하면 '세상 밖으로 튕겨 나가는' 것이며, '와지끈 넘어질' 수도 있는 불안과 위기의 나날일 수밖에 없으리라.

인간이란 희·로·애·락·애·오·욕, 그야말로 오욕칠정과 탐·진·치로서 삼독三毒, 그리고 집착·애착·원착怨着 등 삼착三着에 매달려 살아가는, 살아갈 수밖에 없는 존재이기에 하루하루 무사하고 평안하게 살아간다는 것은 그야말로 커다란 행복이며 축복임이 분명하다. 바로 이러한 실존의 위기와 불안의식이 하나의 세계인식을 형성하고 있다는 점에서 구 시인의 불연속적 세계관의 한 모서리를 엿볼 수 있다.

3. 위대한 노동, 삶의 가치화를 위하여

그러나 진정한 시정신이란, 바람직한 시인정신이란 무엇이던가? 그것은 부단히 엄습하는 온갖 실존의 위기와 삶의 근원적 불안을 넘어서서 '지금·여기' 즉 '오늘'을 성심성의, 최선을 다해 살아가려는 치열한 노력을 의미하는 것이 아니겠는가. 여기에서 지난날의 삶을 되돌아보며 오늘의 삶을 긍정하고 사랑하려는 마음 자세가 나타난다.

① 오늘도, 나를 꼿꼿하게 세워 주는 두 발
지금까지 몇만 걸음 떼어 왔을까

그 걸음걸음 속에 피고 진 꽃송이들은 얼마
그 걸음걸음 따라 흘러간 강물은 또 몇천 리

그 걸음걸음으로 비워 낸 밥그릇은 또 얼마이랴

나는 내 두 발로 걸어 나이를 먹어 가고
육십갑자 지구를 한 바퀴 돌아

걸어서 제자리에 돌아왔네
아직도 내 발자국 하나 어디에도
새겨 두지 못한 채

—「나, 지금까지 몇만 걸음 걸어왔을까」 전문

② 멍하니 쉬고 있는 개미를 나는 본 적이 없다
짧은 다리로 온몸을 곰실곰실 움직이면서 하루 종일,
높은 포복 낮은 포복 한 세상을 기어서 간다

누군가의 발자국에 움푹 고인 빗물도
개미에겐 바다가 되어 버리지만
부서진 잠자리 날개를 입에 앙 물고
끄덕끄덕 바닷길을 외돌아가는 개미 행렬

눈, 코, 입 분간 없어도 서로 몸을 맞대고
실허리로 온 지구를 이고 끌고 가는
개미들의 저 위대한 노동을 보아라

움직이는 세상을 온몸으로 끌고 가는
가장 작은 개미 부처의 화엄 광채를 보라

개미 새끼 한 마리 뵈지 않는다고?

함부로 말하지 마라, 사람들아!

—「위대한 노동」 전문

인용 시편에는 이러한 자기성찰과 새로운 생의 인식 및 삶의 자세가 잘 드러나 있다.

먼저 시 ①에는 고요한 자아성찰과 자기 확인이 제시돼 있다. "지금까지 몇만 걸음 걸어왔을까"라는 제목이 그 단적인 표상이 된다.

산다는 것은 무엇인가? 꽃이 피고 지는 사이를 걸어가는 일 아니겠는가, 또 걸어온 발자국 세는 일이고, 밥그릇 헤아리는 일 그 아니겠는가. 또한 이러한 일의 되풀이 속에서 "나는 두 발로 걸어 나이를 먹어 가고/ 육십갑자 지구를 한 바퀴 돌아"온 것처럼 살아온 날들을 반추하면서 새 길을 모색한다는 말이다.

비록 '걸어서' 제자리에 '돌아온 것'이고 "아직도 내 발자국 하나 어디에도/ 새겨 두지 못한 채"라 하더라도 열심히 걸어올 수 있었던 것만으로도 감사하고 또 은혜로운 일이 아니겠는가 하는 자기성찰을 담고 있는 데서 이 시의 깊이가 드러나는 것이다.

시 ②에서는 개미 한 마리를 통해서 삶이란 무엇이고, 가치 있는 인생이란 또 어떤 것인가 하는 문제를 되짚어 보고 있다. 실상, 그렇지 않은가? 그대는 멍하니 쉬고 있는 개미를 본 적이 있는가. 아마도 그렇지 않으리라. 살아 있는 개미는 쉬임없이 몸을 움직이며 무언가를 하고 있으며, 하려고 어딘가로 분주히 이동한다. 바로 이러한 개미의 모습에서 시인은 인생을, 바람직한 삶의 교훈을 읽어 내고 있는 것으로 해석된다.

바로 그것이다! 살아 있는 한 열심히 최선을 다해 노력하는 과정 그것이 삶의 의미이고 보람이며, 가치가 된다는 뜻이다. "실허리로 온 지구를 이고 끌고 가는/ 개미들의 저 위대한 노동을 보아라// 움직이는 세상을 온몸으로 끌고 가는/ 가장 작은 개미 부처의 화엄 광채를 보아라"라는 구절에는 노동하는 삶의 의미, 일하는 자의 아름다움에 대한 공경과 존숭의 마음이 담겨 있는 것이다. 개미 한 마리의 노동하는 모습을 통해서 성실과 진실, 치열성, 일관성으로서 노력하는 삶, 노동하는 삶의 아름다움과 그 가치를 발견하고 확신하는 모습이 확연하게 제시돼 있다는 뜻이 되겠다.

4. 생명 · 사랑 · 자유에의 길

한편 이번 시집에는 지속으로서 생명 하나하나가 세상에서 가장 존귀한 것이고 소중한 것이기에 그것을 존중하고 찬양함으로써 생명을 살려 나아가야 한다는 생명사상이 지속적으로 표출되고 있어 관심을 환기한다.

> 나무 너 보아라!
> 너는 왜 오늘도 그 자리에만 그렇게 서 있니
> 바보같이 그 자리만 지키고 있느냐?

태풍 곤파스가 만드레치며 너를 짓밟은 그 자리
지조를 지키려 안간힘 쓰는 너를 본다

할퀴고 꺾어 버리고 분질러 놓고
힘으로 너를 쓰러뜨리고 가 버린 그 천둥, 우레
비바람을 왜 전신 침묵으로 견디고 있었느냐, 너는

나는 두렵고 무서워 방구석에 박혀
늘 미안한 나무 너를 제발
그냥 그 자리에 내버려두어 달라고
빌기만 했을 뿐이너냐

네 맘대로 걷고 뛰지도 못하게 한 너의 하느님
아직도 만나 따져 보지 못해
정말 미안해, 나무야!

—「늘 미안하다, 나무야」 전문

먼저 이 시에는 나무로서 생명의 소중함과 그에 대한 외경심 및 사랑의 마음이 잘 표출되어 있다. 먼저 그러한 시인의 마음은 나무의 견인주의와 지절의 자세로서 일관성 있는 모습에 대한 외경심으로 제시된다. "나무 너 보아라!" "바보같이 그 자리만 지키고 있느냐?" "지조를 지키려 안간힘 쓰는 너를 본다"라는 구절들이 그것이다. 아울러 "할퀴고 꺾어 버리고 분질러 놓고/ 힘으로 너를 쓰러뜨리고 가 버린 그 천둥, 우레/ 비바람을 왜 전신 침묵으로 견디고 있었느냐, 너는"이라는 구절 속에는 온갖 풍상세월을 묵묵히 견디면서 세상을

이기고, 자기 자신의 온갖 고뇌와 번민을 극복해 가는 모습이 상징적으로 묘파돼 있다.

말하자면 나무를 통해서 시인은 스스로 삶의 자세를 뒤돌아보고 가늠해 보면서 새삼 나무의 견인주의, 일관성 있는 삶이 얼마나 소중한 삶의 가치덕목이며, 생명 자체가 얼마나 존귀한 것인지 성찰하고 있는 것이다.

그렇다! 시인은 비바람 치는 생의 광야에 서서 온갖 수난과 역경을 극복하며 생을 이끌어 가는 나무의 모습을 통해서 시인 스스로의 나약하고 수동적인 삶의 자세를 반성하면서 새삼 생명에 대한 기룸과 모심, 그리고 섬김으로서 생명사상의 한 모서리를 조심스럽게 드러내고 있다는 뜻이다.

이러한 생명사상은 첫 시집에서도 그렇지만 풀과 꽃, 나무에 대한 찬탄과 공경으로서 식물적 상상력을 통해 구체적으로 형상화된다.

박 넝쿨이 제 목숨의 문고리를 꽉 쥐고 있다
어둑한 할아버지 방
세상 향기에 코끝이 아리다

해 종일 화단에 쪼그리고 앉아
두깨비 가시풀로 돋아 있던 억센 세월
이제, 물렁한 시간들을 흙 속에 묻는다

제 새끼밖에 모르는 고집불통 세상
감추고 싶은 얼룩 마음 어루만지며

새순은 하늘하늘 손을 내밀어 본다

쑥쑥 하늘로 뻗어 가는 덩굴의 팽팽한 힘
아픈 가시도 헐어 내리고
손자를 알아보는 틀림없는 눈빛

그 씨앗에서 참 자유가 움튼다

―「아무나 열지 못한다」 전문

'씨앗명상'이라는 부제가 붙어 있는 이 시에는 생명과 사랑, 자유로서 생명사상의 세 가지 원형심상이 선명히 제시돼 있어 관심을 끈다.

그것은 먼저 '생명'의 탄생과 성장하는 모습으로 제시된다. "박 넝쿨이 제 목숨의 문고리를 꽉 쥐고 있다"라거나 "도깨비 가시풀로 돋아 있던 억센 세월/ 이제 물렁한 시간들을 흙 속에 묻는다" "새순은 하늘하늘 손을 내밀어 본다"라는 구절들이 그러한 생명의 탄생과 성장 과정을 반영한다. 그렇다면 그러한 생명을 탄생시키고 성장시켜 주는 힘은 무엇인가? 한마디로 그것을 우리는 '사랑'이라고 말해 볼 수 있지 않겠는가. "쑥쑥 하늘로 뻗어 가는 덩굴의 팽팽한 힘/ 아픈 가시도 헐어 내리고/ 손자를 알아보는 틀림없는 눈빛"이란 바로 생명의 근원으로서 사랑, 생명력의 원천으로서 사랑의 힘을 표상한 것이 아닐 수 없기 때문이다.

바로 여기에서 '자유'가 제시된다. 생명을 탄생시키고 성장시키는 힘은 '사랑'에서 비롯되지만, 그것을 바람직하게 완성시켜 주는 것은 바로 '자유' 의 힘이라는 뜻이다. "그 씨앗에서 참 자유가 움튼다"라는 시의 결구에는 이러한 생명과 사랑을 완성시켜 주는 동력으로서 자유의 의미와 가치에 대한 새로운 인식과 확신이 제시돼 있는 것으로 이해되기 때문이다.

생명과 사랑, 자유의 세 우주 원소가 결합되고 상호작용함으로써 세상의 생명들이 싹트고 자랄 수 있다는 뜻이다.

5. 마음거울 닦기, 본래 면목을 찾아서

무엇보다도 이번 시집에는 지난 시집에서의 '마음 비우기'가 마음 거울 닦기 또는 진정한 자아를 찾는 구도행의 모습으로 진전되는 양상을 보여 주목된다.

> 이 소리가 들리나요? 저 글자는요?
> 두 눈, 두 귀가 멀쩡해야 책이라도 볼 텐데
> 두근두근 허공을 바라보는데
> 가느다란 팔뚝에서 간호사는
> 마음껏 피를 뽑아낸다
>
> 기기묘묘 기계들이
> 내 몸속을 제 영토처럼 휘젓고 다닌다
>
> 내 몸도 잘 모르는 나는 과연 누구인가
> 아니 내 몸은 누구의 것인가

정신은 다 놓고
기계를 따라
앉고 서고 눕고 굴려지고 사진 찍히는

허리 구부정한 저 여자는
누구?

—「나는 누구일까」 전문

이번 시집에는 '생이란 무엇인가' 라는 인생론적 탐구와 함께 그 핵심으로서 '나는 진정 어떤 사람인가' 하는 데 대한 탐색이 지속적으로 전개되고 있어 관심을 환기한다. 「나는 누구일까」라는 제목의 시가 그 한 예가 된다. 인생이란 과연 무엇인가? 생물학적 관점에서 보면 인간, 또는 그 주체 행위로서 인생이란 절대고독 또는 절대허무로서 덧없는 존재에 지나지 않는다. 희 · 로 · 애 · 락 · 애 · 오 · 욕에 시달리고 삼독과 삼착에 시달리다가 끝내 한 줌 흙으로 돌아가고 마는 허무한 존재에 불과한 것이다. 그러기에 이 시에서 '나' 란 하나의 생물학적 존재상을 반영한다. 그러한 '나' 는 '기계를 따라 눕고 굴려지고 사진 찍히는' 생물학적 존재, 육체적 존재에 지나지 않는다. 그러나 인간이란, 인생이란 그러한 생물학적 존재 그 너머에 영혼의 존재, 영성을 지닌 존재로서 살아가기에 다른 금수들과 다른 것이고 다를 수밖에 없다. "허리 구부정한 저 여자는/ 누구?"라는 질문이 바로 그러한 영혼의 존재, 영성의 존재로서 인간을 객관적으로 자각하고 의미를 발견하려는 안간힘을 상징한다고 하겠다. 자아발견과 자기

확인, 자기극복과 자아실현 및 자기구원에 도달하려는 끊임없는 노력을 통해서 인간은 생물학적 존재에서 영성의 존재로 고양될 수 있는 것이기 때문이다.

이러한 자아발견과 탐구, 자기구원과 영성을 향한 갈망은 무엇보다도 마음 닦이로서 정신적 수양과 자기극복의 노력으로 이끌어 올려진다.

마음연못이 고요할 때는
풀잎들이 수채화 수를 놓는다
바람이 불끈 화를 잠재우지 못하면
연못도 그만 마음거울을 깨뜨리고 만다

푸르르 흔들리는 연못가에는 어꿔풀도
쑥부쟁이도 눈감고 고개 숙인다
지나가는 이의 연못 마음도 출렁거려
아무도 물속 하늘거울을 보지 못한다

무심히 흐르는 물거울은 맑고
고요하게 깊어 간다
마음속 불길을 잠재워 주기만 한다

—「물은 무심히 흐르기만 하는가」 전문

그 누가 있어 마음을 하늘에 비추어 보고, 물거울이라 불러 호수에 비유해 보았던가. 마음은 그러기에 예부터 '하늘' 과 '호수' '거울' 이라는 비유적 상관속을 지니지 않았던가. 마음이란 하늘 같아서 티끌 한 점 없이 맑고 푸르러야 하며, 또

한 우물이나 호수 같아서 맑고 깊은 삶의 의미를 비춰 줄 수 있기에 마음을 하늘과 우물 호수, 그리고 거울로 비유하고 상징해 온 것이 아닌가 말이다.

그렇다! 마음은 거울 같아서 수시로 먼지를 닦고 때와 녹을 벗기며 스스로 맑아지도록 노력해 가지 않으면 안 된다. 또한 마음이란 물거울과 같아서 파문이 일면 일그러지고 평정이 깨어져 사물을 제대로 보기 어렵다. 그러기에 우리는 마음하늘을 항상 맑고 푸르게 하며, 마음우물을 깨끗하고 정결하게 유지하려 노력해야만 평상심과 평정심, 항상심을 지니고 한세상 바르게 살아갈 수 있는 것이다.

시인이 본 것이 바로 그것이다. "무심히 흐르는 물거울은 맑고/ 고요하게 깊어 간다/ 마음속 불길을 잠재워 주기만 한다"라는 결구에서처럼 마음 비우기에서 마음 닦기, 마음 가라앉힘으로써 청정심을 견지하며 살아가려 노력해야 한다는 뜻이다. 그것이 바로 본래 면목으로서 '참 나'를 찾는 길이고, '참 나'를 살아갈 수 있는 바람직한 삶의 길, 영성의 길인 것이다.

맺음말, '걷다'의 진행형을 위하여

이렇게 본다면 구이람의 새 시집『걷다』는 '참 나'를 찾기 위한 구도행의 길이며, '참 나'를 살기 위한 실천행의 길이 아닐 수 없다고 하겠다. 시집 도처에 '발' '신발' '발자국'이라는 '걷다' 의 시적 상관물들이 지속적으로 제시되고 있는 것이나 시집 제목이 '걷다' 라는 동사로 이루어진 것 자체가 그러한 단적인 운동성을 반영한다.

그렇다! 구이람의 시력은 첫 데뷔(1999)로부터 보면 10년이 넘지만, 재등단(2009)으로 보면 지금 한창 새 발걸음을 시작해 가고 있는 왕성한 시점이 아닐 수 없다. '걷다' 라는 상징어가 그러하듯이 그의 시세계는 끊임없이 완성을 향한 자기 변혁의 몸부림이며 새로운 현재진행형으로 존재하는 데서 의미와 생동력을 지닌다.

아직 그의 발걸음이 당당하게 큰 업적을 이루어 놓은 것이 아니라 할지라도 그의 시가 현재진행형으로 끊임없이 걸어가고 있기에 우리는 그와 그의 시세계에 믿음과 희망을 갖고 기다려도 좋을 것이다. 그래서인지 그의 좋은 시 한 편이 조용한 울림으로 다가온다.

얼음이 햇볕에게 몸을 눕힌다
얼음은 사라지는 것이 아니다
본래 제 모습으로 돌아가
다시 물의 몸을 되찾는 것일 뿐

나뭇잎이 떨어진다
나만 부서져 사라지는 것이 아니다
잘 익어 가벼이 단풍잎으로 흩날리다가
새봄을 푸르게 장식하는 썩지 않는 꿈일 뿐

—「본래 면목」 전문

시인 구이람 (구명숙具明淑)

숙명여대 국문과와 동 대학원 졸업, 독일 빌레펠트 대학 문학박사
1999년『시문학』, 2009년『시와시학』으로 등단
시집으로『그 여자 몇 가마의 쌀 씻어 밥을 지어왔을까』(시학, 2009)가 있음
현재 숙명여자대학교 인문학부 교수, 박물관장, 문화원장, 한국어문화연구소 소장, (사)글로컬여성네트워크 회장

E-mail: k9350m@hanmail.net

걷다

지은이 | 구이람
펴낸이 | 김재돈
펴낸곳 | 도서출판 시와시학
1판1쇄 | 2011년 1월 29일
출판등록 | 2010년 8월 10일
등록번호 | 제2010-000036호
주소 | 서울 종로구 명륜동1가 42
전화 | 744-0110
FAX | 3672-2674

값 8,000원

ISBN 978-89-94889-03-0 03810